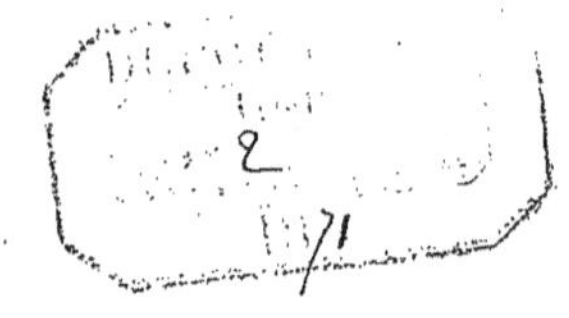

LE
DERNIER ENTRETIEN DE MGR DE SALINIS

ARCHEVÊQUE D'AUCH

AVEC L'EMPEREUR NAPOLÉON III.

LE
DERNIER ENTRETIEN DE MGR DE SALINIS

ARCHEVÊQUE D'AUCH

AVEC

L'EMPEREUR NAPOLÉON III

PAR

C. DE LADOUE

Vic. gén. de Mgr de Salinis.

Extrait de la *Revue de Gascogne*.

AUCH

IMPRIMERIE ET LITHOGRAPHIE FÉLIX FOIX, RUE BALGUERIE.

1871

LE DERNIER ENTRETIEN DE Mgr DE SALINIS,

ARCHEVÊQUE D'AUCH,

AVEC L'EMPEREUR NAPOLÉON III.

Dans un ouvrage récemment publié, un auteur estimable a incriminé la conduite politique de Mgr de Salinis, en particulier ses relations avec l'Empereur; il n'a su ou n'a voulu voir que des motifs intéressés dans des actes et des démarches qui avaient des mobiles d'un ordre bien plus élevé. J'ai entre les mains des documents irréfragables qui me permettront, lorsque les circonstances seront redevenues favorables, de venger d'une manière complète la mémoire d'un prélat qui, malgré des attaques passionnées, n'en restera pas moins une des gloires les plus pures de l'épiscopat français au XIXe siè-cle. En attendant que ce moment soit venu, il m'a semblé que je dissiperais les préventions qu'auraient pu laisser dans certains esprits les accusations portées par des écrivains honorables qui ont, sous plusieurs rapports, bien mérité de la religion, en publiant le récit de l'entrevue que Mgr de Salinis eut avec Napoléon III, deux mois avant sa mort. Le prélat attachait une telle importance, pour la justification de sa conduite, à cette démarche suprême, qu'il voulut, à peine rentré dans son palais archiépiscopal, en raconter les diverses circonstances en présence des membres de son conseil. C'est d'après les notes recueillies par le secrétaire de ce conseil, d'après mes souvenirs personnels, confirmés et rectifiés par plusieurs personnes qui avaient entendu de la bouche du prélat le même récit, que j'ai rédigé la présente relation. J'affirme qu'elle ne contient que la vérité.

I

Dans l'automne de 1860, Mgr de Salinis se trouvant dans un état de santé qui inspirait les plus sérieuses inquiétudes, les médecins lui conseillèrent de s'arracher pour quelque temps aux soucis de l'administration diocésaine. Le prélat se résolut à un voyage en Bourgogne, dans une famille avec laquelle il entretenait depuis longtemps les relations les plus intimes, où il était sûr de trouver avec les soins d'une amitié dévouée les distractions d'une société pleine de charmes. Dans les premiers jours de novembre, il se mit en route avec l'un de ses grands-vicaires. En traversant Paris, il s'abstint à dessein de toute démarche auprès de LL. MM.; son cœur était trop blessé par les événements qui venaient de s'accomplir en Italie pour qu'il voulût faire une visite qui eût pu paraître un acquiescement, et son esprit n'était pas encore suffisamment éclairé et rassis pour qu'il pût présenter des réclamations avec l'autorité et l'indépendance qui devaient donner du poids à sa parole. Il se rendit seulement chez le ministre des cultes, avec lequel il avait besoin de conférer de quelques affaires diocésaines. M. Rouland, fidèle à son système de diplomatie, se montra très condescendant en affaires dans l'espoir d'obtenir un assentiment, au moins de convenance, aux mesures perfides qu'il savait avoir blessé la conscience des catholiques et surtout celle des évêques. Son rôle était difficile; quelques mois auparavant, il avait donné à Mgr de Salinis l'assurance la plus formelle qu'aucune atteinte ne serait portée au domaine du Souverain-Pontife. Avec un abandon plein d'une apparente sincérité, il lui avait montré la minute de sa lettre aux évêques, corrigée par l'Empereur, insistant sur le passage où la main impériale avait accentué la déclaration dans un sens qui levait toute équivoque. Tandis que le ministre disait seulement que le gouvernement garantissait le domaine temporel du Saint-Siége, le Souverain avait ajouté « dans toute son intégrité. » Après l'envahissement des Légations et des Marches, il ne fallait rien moins que l'éloquence de M. Rouland pour expliquer et justifier la conduite du gouvernement. A défaut de bonnes raisons, le ministre donna au moins beaucoup de paroles, car il retint son visiteur pendant plus d'une heure, sans lui laisser même le temps d'une simple réplique. L'Evêque ne put, en se retirant, que formuler ses réserves : « M. le ministre, lui dit-il, j'espère vous revoir sous peu; je vous prié de m'accorder pour vous répondre la moitié seulement du temps que j'ai mis à vous écouter. »

Cependant, les espérances des médecins ne s'étaient pas réalisées; la maladie, loin d'être enrayée, avait fait des progrès inquiétants. Un accident grave, symptôme trop caractéristique d'une fin prochaine, s'était produit. Il fallait éviter au malade toute émotion violente. Les amis réunis autour du prélat, justement alarmés, insistaient pour qu'il retournât directement dans son diocèse sans passer par Paris, ou, s'il y passait, pour qu'il s'abstînt de voir l'Empereur. Un instant, ils purent croire l'avoir déterminé. Toutefois, ils remarquèrent chez lui une de ces résolutions énergiques qui ont leur racine au plus intime de la conscience. En effet, une amélioration s'étant manifestée, l'Evêque voulut consacrer les forces que Dieu lui rendait à ce qu'il regardait comme l'accomplissement d'un devoir suprême; il voulut, avant de paraître au tribunal du Souverain-Juge, dégager la responsabilité que faisait peser sur lui son adhésion publique à un gouvernement qu'il avait espéré protecteur de l'Eglise et non persécuteur.

Le 3 décembre, fête d'un apôtre intrépide, saint François-Xavier, fut le jour fixé pour l'audience sollicitée par le ministre, sans la participation même du prélat. En entendant, le matin, la sainte messe que sa santé ne lui permit pas de célébrer, Monseigneur s'inspira de ces paroles qui ouvrent le Sacrifice : « Je parlais de vos témoignages en présence des princes de la terre, et je n'étais pas confondu. » Le cœur rempli de ces fortifiantes pensées, il se rendit aux Tuileries, vers 10 heures et demie. L'audience, fixée pour 11 heures, fut retardée par la présence dans le cabinet impérial de quelques ministres. Tandis qu'il attendait, le maréchal Castellane arriva dans l'antichambre, et comme il devait repartir pour Lyon, il avait hâte d'entretenir l'Empereur. Appréciant ce motif, ainsi que la dignité hiérarchiquement supérieure du visiteur, lorsque l'huissier eut annoncé « l'Archevêque d'Auch, » le prélat, en s'approchant de l'Empereur, crut devoir l'avertir de la présence du maréchal et de son désir de repartir sans retard : « Monseigneur, répondit Sa Majesté, je vous ai donné rendez-vous pour 11 heures, il est bientôt 11 heures et demie, je vous demande pardon de vous avoir fait attendre. » — « Mais, Sire, le maréchal a besoin de repartir pour Lyon, il est pressé. » — « Monseigneur, je le sais, le maréchal peut attendre. »

II

Dès que Monseigneur fut entré dans le cabinet impérial, l'Empereur s'informa, avec une bienveillance gracieuse, de l'état de sa santé, qu'on lui avait dit gravement altérée. L'Evêque remercia et s'empressa à son tour de demander des nouvelles de l'Impératrice : « J'en ai de bonnes plusieurs fois par jour, et tout me fait espérer qu'elle reviendra bientôt entièrement guérie. Les médecins, désirant faire diversion à sa douleur, ont exclu tous les lieux qui pouvaient lui rappeler la sœur qu'elle pleure, tels que l'Espagne et le midi de la France, et ont donné la préférence à l'Ecosse, où elle se trouve auprès de la duchesse Marie d'Hamilton, qui, comme vous le savez, est une sainte et bien capable de la consoler. »

— « Il est, Sire, pour un Evêque, des peines autrement douloureuses que les souffrances physiques. Je ne saurais dissimuler à Votre Majesté que les catholiques sont en ce moment dans la peine et ceux qui vous sont le plus dévoués ne sont pas les moins affligés. Leurs inquiétudes viennent à la fois de l'intérieur et de l'extérieur. A l'intérieur, vos ministres semblent prendre à tâche de semer la désaffection, de tuer le dévouement dans le cœur des hommes qui se sont loyalement ralliés à votre gouvernement. Vous avez au ministère de l'intérieur un homme qui peut être un avocat très habile, mais qui manque des grandes qualités d'un administrateur intelligent. Il soudoie dans tous les départements des rédacteurs de journaux auxquels il donne pour mission d'attaquer la Religion dans la personne de son Chef auguste et de ses ministres. Dans le département du Gers, où l'immense majorité des habitants est très attachée à sa religion, le journal préfectoral qui reçoit les inspirations du ministère de l'intérieur ne perd pas une occasion d'attaquer le Souverain Pontife et les institutions les plus sacrées de l'Eglise. Il y a quelque temps, j'avais publié une lettre pastorale pour expliquer aux fidèles la question si indignement travestie de l'autorité pontificale; le jour même où cette lettre devait être lue dans toutes les chaires du diocèse, le *Courrier du Gers* inséra un article de fonds qui en était censé la contre-partie, de manière à opposer le cabaret à la chaire. Je m'en plaignis à M. le Préfet, qui demanda l'autorisation de donner un *Avertissement* au journal qui semait ainsi à plaisir l'agitation dans le peuple. M. Billault répondit au Préfet qu'il avait lu l'article; qu'il exprimait la pensée du gouvernement, qu'au lieu de blâmer le Rédacteur il eût à le féliciter. J'ai su depuis que l'article avait été envoyé du ministère. De son côté, le ministre de la guerre a adressé à tous les chefs de corps des instructions pour leur recommander d'empêcher autant que possible l'action du clergé sur les soldats. »

— « Vous avez dû être mal informé, Monseigneur, de pareilles instructions n'ont pas pu être données. »

— « Sire, je ne voudrais nuire à personne, mais je dois vous déclarer qu'un chef de corps a eu la confiance de me communiquer la lettre du ministre, elle est formelle... Au reste, ces funestes tendances de l'administration intérieure ne sont pas le principal sujet des inquiétudes de l'épiscopat. Ce qui se passe en Italie, avec le consentement au moins tacite de votre gouvernement, nous attriste tous profondément. »

— « Oui, Monseigneur, il s'est passé des choses fort extraordinaires au sujet desquelles on a porté des jugements bien passionnés et bien injustes. Mes intentions ont été totalement méconnues, et les évêques de France eux-mêmes, j'ai le regret de le dire, n'ont pas su se tenir en garde contre les préventions. »

— « Les faits accomplis, Sire, semblent justifier les appréciations de l'Episcopat. La dernière fois que j'eus l'honneur d'entretenir Votre Majesté à Saint-Sauveur, elle dut me trouver bien naïf à la vue des sentiments de confiance dans l'avenir que j'exprimais avec un enthousiasme presque aveugle. J'étais sous l'impression du traité de Villafranca qui stipulait la restauration de l'autorité pontificale; je ne doutais pas que Votre Majesté tînt à honneur de veiller à l'exécution de ce traité. Hélas! il en a été bien autrement. Les dissentiments entre la France et le Saint-Siége sont tels qu'on ne peut guère entrevoir une solution favorable. »

— « J'avoue, Monseigneur, que la situation est difficile entre mon gouvernement et celui du Pape, mais à qui la faute? Je puis vous dire que nous avons tout fait pour amener une conciliation; jamais nous n'avons pu y parvenir. Plusieurs fois les choses paraissaient arrêtées, et toujours quelques nouvelles exigences de Rome faisaient échouer les négociations. Je n'accuse pas le Pape, c'est un saint que je vénère, mais son ministre est voué aux Autrichiens et par conséquent ennemi de la France. »

— « Je n'ai pas, Sire, à défendre le cardinal Antonelli, mais je dois à la vérité de dire que j'ai entendu des hommes politiques éminents louer très haut ses grandes qualités diplomatiques. On m'a raconté avec quelle adresse il avait éludé une demande présentée par le gouvernement anglais relativement à l'occupation d'Ancône. Après plusieurs instances où il avait déployé toutes les ressources de son esprit habitué aux négociations heureuses, le diplomate anglais, déconcerté, se serait écrié : « Il y a sous cette calotte rouge de cardinal plus d'habileté que dans toutes les têtes d'ambassadeurs. » Au reste, si le cardinal Antonelli est encore ministre d'Etat, la faute en est à la France. Je sais d'une manière certaine que le Souverain Pontife, instruit des préventions du gouvernement français contre son ministre, était disposé à accepter sa démission qu'il a plusieurs fois offerte. A Rome, on s'attendait chaque jour à un changement ministériel, et on ne fut pas peu étonné d'apprendre qu'il était suspendu par suite des instances de l'ambassadeur français. Vous vous plaignez, Sire, des défiances du gouvernement pontifical vis-à-vis de la France, ne faut-il pas convenir qu'elles sont appuyées sur des motifs au moins bien plausibles? Par qui la France a-t-elle été représentée depuis longtemps auprès du Saint-Siège? M. de Rayneval, dont je serai le premier à louer les qualités précieuses, était-il bien l'homme qui devait inspirer une entière confiance? Ses rapports de famille avec le rédacteur en chef du *Journal des Débats* inspiraient des appréhensions d'autant plus légitimes qu'on n'ignorait pas à Rome que les correspondances de ce journal, notoirement hostiles au gouvernement pontifical, étaient rédigées dans les bureaux de l'ambassade. Le séjour de Rome modifia heureusement les idées de M. de Rayneval, et les catholiques ont eu à regretter sa mort trop prompte. Eclairé comme il l'était dans les derniers temps, il eût pu contribuer efficacement à rétablir la bonne harmonie entre les deux cours. Le successeur qui lui a été donné ne contribuera certes pas à diminuer nos regrets. Sa capacité diplomatique est notoirement au-dessous de la mission difficile qu'il a à remplir. »

— « Votre jugement, Monseigneur, est bien sévère; les dépêches qui nous viennent de l'ambassade de Rome sont d'une rédaction remarquable. »

— « Sont-elles du ministre? Sire, ce qui m'en ferait douter, c'est le jugement que j'ai entendu exprimer sur M. de Gramont par quelques-uns de ses collègues du Conseil général. J'ajoute, Sire, qu'il paraît peu dans les traditions et les convenances d'accréditer auprès du chef de la religion catholique un ambassadeur dont la femme est protestante. A défaut d'un représentant digne de la France, il semble que votre gouvernement aurait dû envoyer et entretenir à Rome, comme affidé diplomatique, sans caractère officiel, un homme grave, prudent, modéré, qui pût s'insinuer dans les esprits et dans les cœurs, s'instruire des usages et des institutions, connaître les personnes et les choses, afin d'être en mesure de fournir des renseignements impartiaux. C'était là, ce me semble, une mesure de sage politique. L'Autriche l'employa autrefois avec grande habileté par rapport à la France. L'Angleterre a partout, et même à Rome, ses représentants officieux qui lui rendent de grands services. Votre ministère, Sire, a eu la main bien malheureuse dans le choix de son agent auprès du Saint-Siége; il a confié cette mission délicate entre toutes à un homme sans convictions religieuses, sans dignité, j'oserai dire sans pudeur. Quelle impudeur, en effet, que la publication de cet ignoble pamphlet où rien n'est respecté, pas même le caractère du Souverain-Pontife! Pour ceux-là même pour lesquels le pape n'est pas le vicaire de Jésus-Christ, il est du moins un souverain légitime, aussi digne de respect, par conséquent, qu'aucun des autres souverains. Assurément, si un prince qui exerce une prépondérance efficace dans les conseils de l'Europe avait été insulté par un repré-

sentant quelconque du gouvernement français, une réparation convenable eût été accordée; la seule réparation donnée
au pape a été de nommer son insulteur chevalier de la légion
d'honneur. Je dois vous avouer, Sire, que lorsque j'ai vu dans
les journaux le décret qui conférait à M. About cette distinc-
tion, la pensée m'est venue d'écrire à mes collègues dans
l'épiscopat pour les engager à vous renvoyer tous ensemble
les insignes de la légion d'honneur, attendu qu'il ne me pa-
raissait pas convenable qu'un évêque catholique eût quelque
chose de commun avec celui qui insulte son chef et son
père. »

— « J'avoue, Monseigneur, que Rome ne nous est pas
très connue, mais vous qui avez habité cette ville, ne
pourriez-vous nous indiquer les hommes qui seraient propres
à nous servir d'intermédiaires pour aplanir les difficultés
présentes? »

— « Mon séjour à Rome a été trop court pour que je sois
parfaitement renseigné sur le mérite des hommes éminents
qui composent la cour pontificale. Je puis cependant fournir à
Votre Majesté des indications que je crois sûres (1). Du reste,
Sire, ce qui rassure un peu les catholiques, c'est que Votre
Majesté n'a sanctionné aucune des iniquités du Piémont, ni
approuvé les spoliations successives dont le Saint-Siége a été
victime. Cependant, je ne puis pas taire qu'il circule dans
le public certains propos de nature à nous attrister profondément. Si ces propos n'étaient répandus que par des ennemis
systématiques de votre gouvernement, nous n'y attacherions
pas grande importance. Mais pour ce qui me regarde person-
nellement, je les ai entendus rapporter et attester par un
homme qui m'inspire toute confiance, et que je crois pouvoir
vous nommer sans indiscrétion, c'est M. le vicomte de Rain-

---

(1) Monseigneur désigna plusieurs prélats encore vivants, dont nous ne nous
croyons pas autorisé à livrer les noms à la publicité.

neville, aide de camp du général de Pimodan, qui les a re-
cueillis de la bouche de Cialdini. Envoyé en parlementaire
après l'infâme guet-à-pens de Castelfidardo pour traiter de la
capitulation, il faisait valoir auprès du général piémontais les
promesses et les engagements de la France. « Oh ! monsieur
» de Rainneville, répondit le facile vainqueur de l'armée pon-
» tificale, je sais mieux que vous à quoi m'en tenir sur la
» pensée de l'Empereur. Je suis allé le voir à Chambéry, et
» il m'a dit : *Allez, et faites vite.* »

— « Puisque M. de Rainneville a rapporté ces paroles, je
crois qu'il les a entendues, car c'est un homme d'honneur.
Mais Cialdini est un infâme menteur. Il est effectivement venu
me trouver à Chambéry, et il m'a dit que Garibaldi menaçait
les Etats pontificaux du côté de Naples, et qu'il était disposé,
en tournant Rome, à tomber sur les derrières de l'armée
pontificale; que sa présence pouvait être dangereuse, non-
seulement pour le pape, mais encore pour le gouvernement
italien, etc., etc. Fatigué de ses instances, je lui répondis
brusquement : Tout cela est, après tout, votre affaire. Je res-
terai fidèle au principe de non-intervention. Je ne prétends
assumer sur moi aucune responsabilité. Allez, si vous le
voulez, et faites vite. »

— « Hélas ! ce sont bien là, sans doute, Sire, les paroles
qui ont enhardi le Piémont et causé l'effusion de tant de sang
français, dont l'opinion publique, juge toujours sévère, fait
retomber la responsabilité sur votre gouvernement. »

— « Non, Monseigneur, je n'ai pas autorisé cette invasion,
qui a eu des suites que je déplore. Depuis Solferino, le Piémont a été un ingrat; il n'a suivi aucun de mes conseils. »

— « Mais quoi! Sire, le chef d'un grand peuple n'a-t-il
pas les moyens de se faire écouter? Vous avez montré à
Magenta et à Solferino ce dont vous étiez capable à la tête
d'une armée française; fallait-il borner votre action à des
conseils ? »

— « Oui, Monseigneur, la France peut tout, mais il est des règles de modération qu'une sage politique prescrit. S'il ne s'agissait que du Piémont, ce serait l'affaire de 24 heures; si nous n'avions à faire qu'à l'Autriche, on pourrait aisément, je crois, se mettre d'accord. Mais toutes les fois que nous avons voulu agir, nous avons sans cesse trouvé sur notre chemin l'Angleterre, l'Angleterre armée et prête à engager la lutte. »

— « Mais, Sire, il n'y a pas de guerre qui fût plus populaire en France qu'une guerre contre l'Angleterre. Pour une lutte de cette nature, il n'y a pas un Français qui ne fût disposé à vous donner jusqu'à la dernière goutte de son sang, et jusqu'à son dernier écu. »

— « Monseigneur, je le sais, mais pour entreprendre contre un grand peuple une guerre qui serait formidable, il faut choisir son temps et son terrain. Le temps présent est on ne peut plus défavorable. L'Europe s'est persuadée à tort que je voulais procurer à la France des agrandissements territoriaux; au premier coup de canon, elle se lèverait tout entière contre nous. Le champ de bataille serait aussi très mal choisi. Il y a quelques années, Monseigneur, vous me disiez que l'Italie était minée par les sociétés secrètes; dans ce moment-là, je croyais que vous exagériez. Si je vous disais maintenant tout ce que je sais, vous ne me croiriez pas. Si une guerre s'engageait en Italie, nous aurions sous nos pieds un volcan, et nous serions bloqués par les flottes de l'Angleterre, qui, il faut le reconnaître, est plus puissante sur mer que la France. »

— « Ne vous serait-il pas au moins possible, Sire, de protéger le dernier souverain légitime qui lutte encore en Italie contre la Révolution? L'opinion publique est convaincue que, sans votre concours, la Sicile ne serait jamais devenue la proie de Garibaldi et de ses bandes fanatiques. Quelle honte pour la France d'avoir associé son action à celle d'un homme qui représente tout ce qu'il y a de plus révolutionnaire en Europe! Si Ferdinand II eût été sur le trône, on aurait pu s'expliquer le mécontentement des puissances, mais son fils n'a que des droits sans aucuns torts. »

— « L'opinion, Monseigneur, s'est égarée, parce qu'elle n'a pas connu les motifs de mes déterminations. J'étais disposé à faire un *casus belli* de l'invasion de la Sicile; j'allais envoyer mes instructions dans ce sens au commandant de la flotte lorsque le gouvernement du Piémont, à qui j'exprimais énergiquement ma volonté, me supplia, dans l'intérêt de sa conservation, de laisser commencer une entreprise qui ne pouvait aboutir qu'à une catastrophe, mais qui avait l'excellent résultat d'éloigner un homme dangereux avec qui il était impossible de marcher. Au fait, Monseigneur, qui aurait jamais pu supposer qu'avec 800 hommes, Garibaldi triompherait d'une armée aussi bien organisée que l'armée napolitaine ? N'était-il pas beaucoup plus probable, comme l'affirmait M. de Cavour, que Garibaldi courait à une perte certaine? Rien ne pouvait faire prévoir une trahison aussi générale et aussi lâche que celle des officiers napolitains; je ne sais s'il y en a un autre exemple dans l'histoire. »

III

La conversation durait ainsi depuis trois quarts d'heure, interrompue à peine pendant quelques minutes par le secrétaire de l'Empereur, qui, à trois reprises différentes, crut devoir rappeler à Sa Majesté que le maréchal Castellane attendait et qu'il était pressé. Aux deux premières interpellations, l'Empereur s'était contenté de répondre : « Dites au maréchal que je suis occupé avec l'archevêque d'Auch; qu'il attende. » A la troisième, il dit avec une certaine humeur : « Je vous ai déjà dit que j'étais occupé, qu'on ne m'interrompe plus. » Ne voulant pas abuser des moments du Souverain, Monseigneur se disposait à le quitter : « Il est grand temps, Sire, que je prenne congé de Votre Majesté, et je dois la remercier de la bienveillance avec laquelle elle a accueilli tout ce que je me suis permis de lui dire. Elle aura compris, j'espère, que toutes mes observations ont été dictées par ma conscience d'évêque catholique, dans les vues les plus pures du bien de la religion, du bonheur de la France et dans les intérêts bien entendus de votre gloire. »

— « Je vous remercie, Monseigneur, de m'avoir parlé avec franchise et sincérité. Je sais que vous n'êtes conduit que par des vues du bien. Veuillez croire que toutes les fois que les évêques, se renfermant comme vous dans ce qui se rattache aux intérêts sacrés de la religion, m'adresseront des observations, fussent-elles opposées à mes pensées, je n'en serai nullement offensé. Ce que je ne puis souffrir, c'est que quelques-uns d'entr'eux se mêlent à des intrigues de parti, et que sous le prétexte des devoirs de leur charge, ils conspirent contre moi et contre mon gouvernement. Si encore ils travaillaient dans les intérêts de M. le comte de Chambord, je ne saurais trop que dire, là au moins il y a des souvenirs et des principes. Mais les voir travailler pour les d'Orléans, qui sont essentiellement révolutionnaires et ennemis de la religion, voilà ce que je ne saurais pardonner. Et cependant, Monseigneur, j'ai les preuves entre les mains que certain de vos collègues est entièrement vendu à ce parti. Je puis vous montrer des lettres authentiques qui établissent ce fait jusqu'à l'évidence. »

En prononçant ces paroles, l'Empereur se leva pour ouvrir son secrétaire, mais se rasseyant :

— « Ces lettres sont un peu longues, je vous les lirai une autre fois. Que se propose-t-on en rappelant la famille d'Orléans? Le bien de la France et de la religion y sont-ils intéressés? Le comte de Paris n'est qu'un enfant. Le duc de Nemours est un esprit faible et léger. Le prince de Joinville est sourd. Le plus intelligent de la famille est le duc d'Aumale, c'est aussi le plus dangereux par ses principes démocratiques, qui le portent dans ce moment — j'en ai la preuve

— à applaudir aux désordres qui bouleversent l'Italie. »

Monseigneur prononça quelques mots pour disculper les évêques des reproches immérités que l'Empereur leur avait adressés, et il se leva pour se retirer. Au moment où il ouvrait la porte du cabinet, il lui revint dans l'esprit qu'il n'avait pas parlé d'une question très importante, l'une de celles dont il avait le plus à cœur d'entretenir Sa Majesté; se retournant brusquement, il ajouta :

— « Je vous prie, Sire, de vouloir bien me pardonner mon importunité, je tiens à vous entretenir d'un des intérêts les plus graves de la religion : de la nomination des évêques. »

— « Ah! Monseigneur, vous voulez me parler de la nomination de M. Maret. »

— « Non, Sire, je ne prétends faire aucune personnalité, moins encore à l'occasion de M. l'abbé Maret, qui est un de mes anciens amis, et dont j'apprécie les bonnes qualités. Seulement, puisque vous m'avez parlé de lui, je vous dirai que le pape a eu certainement des raisons très canoniques de ne pas agréer ce choix; M. Maret est sourd, il a professé dans l'*Ère nouvelle* des doctrines que les catholiques, et surtout les catholiques bretons, ne sauraient oublier; et je ne comprendrais pas que votre gouvernement voulût maintenir une nomination repoussée par le Souverain-Pontife pour des motifs aussi sérieux. Rien ne lui donne ce droit. Mais laissant de côté ce fait particulier, que je n'ai pas à apprécier, je me permettrai de vous adresser la prière la plus instante pour que vous ne vous laissiez guider dans vos présentations à l'épiscopat que par des pensées catholiques. Je répétais hier à votre ministre des cultes ce que j'avais dit autrefois à M. Fortoul, que sa plus grave responsabilité au moment de la mort serait la manière dont il aurait usé de la prérogative mise entre ses mains par le concordat. L'épiscopat, en France surtout, c'est le catholicisme vivant; la religion sera plus ou moins prospère, selon que les évêques seront plus ou moins

dignes de leur haute mission. Connaissant, comme je le con-
nais, le clergé français, je ne crains pas que vous introduisiez
dans nos rangs des évêques indignes; vous n'en trouveriez
pas, ou si vous en trouviez quelqu'un, vous ne le feriez pas
agréer et vous froisseriez inutilement la conscience des popu-
lations catholiques. Vous ne sauriez croire à quel point les
dernières nominations ont porté préjudice à l'autorité morale
de votre gouvernement. Pour se donner le malin plaisir de
« faire passer quelque mauvais quart-d'heure au nonce ou
au cardinal Antonelli, » votre ministre a refroidi, éteint peut-
être, le dévouement de trois cent mille Bretons. Est-ce là de la
bonne politique? Mais si vous ne trouviez pas d'évêques
indignes, vous pourriez trouver des évêques faibles et
complaisants; permettez-moi de vous dire que ces prélats, qui
seraient un embarras et un danger pour l'Eglise, ne seraient
pas un appui pour votre gouvernement. Mal vus de leur clergé,
sans influence sur les catholiques, ils nuiraient à la religion
sans profit pour l'Etat. Le problème difficile du choix des
évêques avait été parfaitement résolu sous la nonciature du
cardinal Fornari; de concert avec le ministre des cultes, le nonce
avait dressé une liste de candidats qui devaient être agréés en
même temps par les deux autorités qui concourent à la nomination. Tant qu'on ne reviendra pas à ce système ou à un
autre analogue, on retombera dans des choix fâcheux, qui
compromettront les intérêts de l'Eglise et ceux de l'Etat. »

— « Je vous remercie, Monseigneur, de vos utiles observations; je n'ai pas rencontré d'évêque qui m'ait parlé avec
autant de franchise et d'indépendance. »

— « C'est que, Sire, vous n'avez pas rencontré beaucoup
d'évêques prêts comme moi à aller sans tarder rendre compte
au tribunal de Dieu de l'accomplissement de leur mission
épiscopale. »

Château de Marignan, 3 janvier 1871, en la fête de sainte Gene-
viève, patronne de Paris.

www.ingramcontent.com/pod-product-compliance
Lightning Source LLC
Chambersburg PA
CBHW051435060726
47596CB00006B/2499